中华精神家园

信仰之光

万事如意

民间吉神与文化内涵

（上）肖东发 主编　陈书媛 编著

北方妇女儿童出版社

图书在版编目(CIP)数据

万事如意 / 陈书媛编著. —长春：北方妇女儿童
出版社，2015.1
　　(中华精神家园)
　　ISBN 978-7-5385-8242-0

　　Ⅰ．①万… Ⅱ．①陈… Ⅲ．①风俗习惯－中国－通俗
读物 Ⅳ．①K892-49

中国版本图书馆CIP数据核字(2015)第007381号

万事如意：民间吉神与文化内涵
WANSHIRUYI: MINJIAN JISHEN YU WENHUA NEIHAN

出 版 人	刘　刚
主　　编	肖东发
编　　著	陈书媛
责任编辑	王天明
开　　本	710mm×1000mm　1/16
印　　张	11
字　　数	152千字
印　　刷	北京兴星伟业印刷有限公司
版　　次	2015年5月第1版第2次印刷

出　　版	北方妇女儿童出版社
发　　行	北方妇女儿童出版社
地　　址	长春市人民大街4646号
	邮　编：130021
电　　话	总编办：0431-85644803
	发行科：0431-85640624

定　　价	40.00元（上、下）

　　党的十八大报告指出："文化是民族的血脉，是人民的精神家园。全面建成小康社会，实现中华民族伟大复兴，必须推动社会主义文化大发展大繁荣，兴起社会主义文化建设新高潮，提高国家文化软实力，发挥文化引领风尚、教育人民、服务社会、推动发展的作用。"

　　我国经过改革开放的历程，推进了民族振兴、国家富强、人民幸福的中国梦，推进了伟大复兴的历史进程。文化是立国之根，实现中国梦也是我国文化实现伟大复兴的过程，并最终体现在文化的发展繁荣。习近平指出，博大精深的中国优秀传统文化是我们在世界文化激荡中站稳脚跟的根基。中华文化源远流长，积淀着中华民族最深层的精神追求，代表着中华民族独特的精神标识，为中华民族生生不息、发展壮大提供了丰厚滋养。我们要认识中华文化的独特创造、价值理念、鲜明特色，增强文化自信和价值自信。

　　如今，我们正处在改革开放攻坚和经济发展的转型时期，面对世界各国形形色色的文化现象，面对各种眼花缭乱的现代传媒，我们要坚持文化自信，古为今用、洋为中用、推陈出新，有鉴别地加以对待，有扬弃地予以继承，传承和升华中华优秀传统文化，发展中国特色社会主义文化，增强国家文化软实力。

　　浩浩历史长河，熊熊文明薪火，中华文化源远流长，滚滚黄河、滔滔长江，是最直接源头，这两大文化浪涛经过千百年冲刷洗礼和不断交流、融合以及沉淀，最终形成了求同存异、兼收并蓄的辉煌灿烂的中华文明，也是世界上唯一绵延不绝而从没中断的古老文化，并始终充满了生机与活力。

　　中华文化曾是东方文化摇篮，也是推动世界文明不断前行的动力之一。早在500年前，中华文化的四大发明催生了欧洲文艺复兴运动和地理大发现。中国四大发明先后传到西方，对于促进西方工业社会发展和形成，曾起到了重要作用。

　　中华文化的力量，已经深深熔铸到我们的生命力、创造力和凝聚力中，是我们民族的基因。中华民族的精神，也已深深植根于绵延数千年的优秀文化传统之中，是我们的精神家园。

　　总之，中国文化博大精深，是中华各族人民五千年来创造、传承下来的物质文明和精神文明的总和，其内容包罗万象，浩若星汉，具有很强文化纵深，蕴含丰富宝藏。我们要实现中华文化伟大复兴，首先要站在传统文化前沿，薪火相传，一脉相承，弘扬和发展五千年来优秀的、光明的、先进的、科学的、文明的和自豪的文化现象，融合古今中外一切文化精华，构建具有中国特色的现代民族文化，向世界和未来展示中华民族的文化力量、文化价值、文化形态与文化风采。

　　为此，在有关专家指导下，我们收集整理了大量古今资料和最新研究成果，特别编撰了本套大型书系。主要包括独具特色的语言文字、浩如烟海的文化典籍、名扬世界的科技工艺、异彩纷呈的文学艺术、充满智慧的中国哲学、完备而深刻的伦理道德、古风古韵的建筑遗存、深具内涵的自然名胜、悠久传承的历史文明，还有各具特色又相互交融的地域文化和民族文化等，充分展示了中华民族厚重文化底蕴和强大民族凝聚力，具有极强系统性、广博性和规模性。

　　本套书系的特点是全景展现，纵横捭阖，内容采取讲故事的方式进行叙述，语言通俗，明白晓畅，图文并茂，形象直观，古风古韵，格调高雅，具有很强的可读性、欣赏性、知识性和延伸性，能够让广大读者全面触摸和感受中国文化的丰富内涵，增强中华儿女民族自尊心和文化自豪感，并能很好继承和弘扬中国文化，创造未来中国特色的先进民族文化。

青长
2014年4月18日

司命之神——灶　神

保佑平安——门　神

美满良缘——喜　神

财神

　　财神是我国民间普遍供奉的一种主管财富的神祇。主管财源的神明分为两大类：一是道教赐封，二是民间信仰。道教赐封为天官上神，民间信仰为天官天仙。道教赐封并不称为财神，而是在所官职上加封神明。

　　我国民间流传着多种不同版本的说法，李诡祖、比干、范蠡被奉为文财神，关公是商家崇祀，一般商家以关公为他们的守护神，关公同时被视为招财进宝的财神爷。赵公明掌管招宝、纳珍、招财和利市四名与财富有关的小神，因而被奉为正财神。

耿直不偏的文财神比干

比干

那是在商纣王时期，一天，辅佐商纣王帝辛的太师比干到庭院散步。正是初春的早晨，天气和暖，他望着灿烂的阳光，深深地叹了口气，想要把胸中的烦闷忧愁全部倾吐而出。

站在庭院里，隐隐能听到宅院外孩童玩闹的欢快声音，令比干瞬间想起了自己幼年的侄子帝辛。想到自己的这个侄子，天资

■ 比干（前1125年～前1063年），生于商代沫邑，即今河南省卫辉市北。商纣王的叔父。商纣时代丞相。他竭力反对商纣王暴虐荒淫，横征暴敛，结果被商纣王帝辛残杀。因为他是历史上第一个以死谏君的忠臣，因此被誉为"亘古第一忠臣"。

聪颖，闻见甚敏，才力过人，有倒曳九牛之威，具抚梁易柱之力，深得先帝帝乙的欢心。

《荀子·非相篇》中说：

> 帝辛长巨姣美，天下之杰也；筋力超劲，百人之敌也。

《史记》中也形容帝辛说：

> 帝纣资辨捷疾，闻见甚敏，材力过人，手格猛兽。

■ 《史记》

后来，比干的哥哥帝乙还特意在病榻前亲切嘱咐比干，要好生辅佐这位继承人。侄子帝辛在帝乙驾崩后继位成为商纣王。

商纣王刚即位的时候，每次在战场上都表现得异常勇猛。他亲军东征徐夷时，多次带兵往来冲杀，骁勇无比，最后迫使徐夷酋长反绑着双手，口衔国宝玉璧，穿着孝服、拉着棺材向商纣王投降。打退了东夷向中原扩张，把商代势力扩展到江淮一带，国土扩大到山东、安徽、江苏、浙江、福建沿海。

当商纣王凯旋时，比干带着文武大臣，步行几十千米前往迎接。当时的民谣甚至唱道："商纣王江山，铁桶一般……"他还十分重视农桑使生产力发展，国力强盛。

太师 也叫太傅或太保，多为大官加衔，表示恩宠而无实职。也有的时候，古代又称太子太师、太子太傅、太子太保为"东宫三师"，都是太子的老师，太师是太子太师的简称，后来也逐渐成为虚衔，其实并未给太子讲过课。

■ 财神比干像

中医 也称汉医，我国传统医学，是研究人体生理、病理以及疾病的诊断和防治等的一门学科。中医以阴阳五行作为理论基础，将人体看成是气、形、神的统一体，通过望、闻、问、切，四诊合参的方法，使用中药、针灸等多种治疗手段，使人体达到阴阳调和而康复。

这位贤侄和圣明的君主，当初真的是比干的骄傲。比干常常想，如果先帝在地下有知，也会欢欣鼓舞的，也会为自己的国家有这么一位好皇帝和好儿子而无比欣慰的。

但是，这一切都在商纣王的宠妃妲己出现之后改变了。都说红颜祸水，女色误国，这位妃子使商纣王无心朝政，每日只顾寻欢作乐，比干虽从20岁开始就以太师高位辅佐帝乙，又受托孤重辅帝辛，但从政40多年以来，还没有见到侄子这么顽固过。

比干的脸上尽是愁容，手心里紧紧攥着一张神符。这道符是他的老友姜子牙离开朝歌，来相府辞行，见比干气色晦暗，知其日后必有大难，送给他的，叮嘱他在危急时化灰冲服，可以躲避一难。但谁知这一难能不能躲得过去呢？

几天前，妲己抱怨说心口疼，整天病恹恹地摆出一副娇弱相，把商纣王也紧张得坐立不安。彻底不理朝政了不说，居然还废寝忘食地召集全国名中医来问诊，这更使得忠诚的比干对妲己怒目而视。

后宫之中嫔妃邀宠并不少见，但要是一心纠缠君王，使国政荒废，这样的嫔妃就不该纵容了。比干眼看曾经明事理懂分寸的君王日益颓废，更加视妲己为眼中钉，而妲己显然也将比干看作是肉中刺。

姐己在病后曾昏昏沉沉地暗示商纣王说，自己的病是个奇疾，只有世间罕见的药引熬制出的药才可以解救。而这药引就是比干的一颗七窍玲珑心。

比干可不知道自己的心是不是有七窍，但他很清楚，人若没了心性，那要比没了心脏更可怕。想想当年自己的贤侄帝辛，才小小年纪就伶俐可爱，长成青年时又是雄姿英发的一位皇家子弟，一国的好君王，却只因其心性被迷惑，居然被这么一个歹毒又刻薄的妃子利用了！

005
招财进宝
财神

■ 财神比干像

仰望天空，盛日春景在比干眼里也成了一派萧条的落败秋色。他甚至都不敢肯定地认为，自己从小看着长大的侄子，自己哥哥临终时托付的好栋梁，自己曾经鞠躬尽瘁服侍的贤明君主，不会听信姐己的妄言。

比干并没有担忧太久。正想着，他就被商纣王召进了宫中。进到宫中抬起头，他看见那一张既熟悉而又陌生的脸上，是一种糊里糊涂的尴尬神情，他正是商纣王。

只听商纣王说道："姐己心痛之疾，唯玲珑心可愈。听说皇叔有玲珑心，想借一片作药汤来用，若是她的疾病被治愈了，您的功劳可就大了啊！"

比干回答说："心哪里是能随便借出的东西呢？

姐己 商王朝最后一位君主商纣王的宠妃，人称"一代妖姬"。根据史料记载，商纣王征伐有苏部落，即今河南省温县，俘获到美艳的姐己为妾。商纣王非常宠爱她，她便蛊惑商纣王整日淫乐，不理朝政。后被周武王斩首示众。

■ 文财神画像

符纸 我国道教中被认为具有神力的符咒的一种除魔降妖、祈愿祝福工具。灵符的类别繁多，如祈福开运符、镇宅符、护身平安符、催财符、情缘符、姻缘符、人缘符、化煞符、解降符、斩鬼符、安胎符、化骨符、止痛符等，使用方法有烧、贴、藏、带、洗、食等。

它是身体的主人，被侵扰的话，就会使人失去生命啊！心是协调一切的关键所在，如果我的心被削去一片，受到损伤，我又怎么可能还有活路呢？君王啊，我这个老臣，并不是因为太过惜命而不肯献身。只是如今朝纲不振，能为您出谋划策的贤臣已然不多了。如果连我也出了事，谁来帮您保住江山呢？"

听了这一番发自肺腑的言论，商纣王很尴尬，但也很不耐烦：

"这话真是太夸张了吧。借片心而已，哪来的这么多说辞呢？"

听完这个回答，比干万念俱灰。他明白，自己的性命怕是要和这个君王曾经的贤能一样，一去而不复返了。他深吸一口气，用手颤颤巍巍地将从不离身的符纸掏出，烧化之后放在水中一饮而尽。

然后，比干没有理会在一旁愣住的商纣王，转而向太庙的方向大拜了八拜，流着泪慨叹说："成汤先王啊！这28世的天下就要断送在您的这位后代手里了，并非是因为老臣不忠不义啊！"言毕，伸手挖出了自己的心。

也许是因为神符的作用，比干发现自己并没有失去生命，但是心里总觉得空空荡荡的。他一言不发地跨上马，飞奔跑了好几里路。

比干的马跑累了，慢了下来。这时，比干忽然听见一妇人大叫卖无心菜，就勒马问道："人若是无心会如何呢？"

不知情的妇人回答说："人若无心的话，还怎么存活呢？"

比干闻听此言，顿时落马，失去了生命。

比干忠谏而死，后世的人们始终念着他的好，称他为"亘古第一忠臣"。因为比干生前忠诚耿直，逝世之后又没有心，因此不会心存偏见偏袒任何一方，最适合做分配财产的神灵，所以深受人们爱戴、称赞。当时，在比干手下做买卖者，都没有"心眼儿"，大家公平交易，谁也不会坑骗谁。

古代大多数读书人以考取功名为重，而财禄富贵都从科举中求，因此奉比干为"文财神"，祈求功名成就、财禄亨通。

坊间的文财神像大多以福星、禄星、寿星作为吉星组合，成三星拱照之势，寓意福禄寿齐全。其中的禄星就是文财神比干。神像的制作材料有纸画、瓷、金、铜、银、木、水晶玻璃等。

比干的文财神造型仪容慈祥，慈眉善目，唇红齿白，两耳垂珠，五缕长须，头戴顶级文官帽，身穿紫缎锦罗官袍，腰环金银玉带，手捧元宝财帛，脚穿官靴，位于福寿两星中间。

阅读链接

相传比干死后，纣王还要将其满门抄斩，比干的夫人陈氏当时身怀六甲，被同情比干的士兵偷偷地放了出来，在附近一处山林里生下了比干的遗腹子。纣王的追兵赶到后，查问孩子的姓氏，陈氏急中生智，指林为姓，躲过了这次劫难，林氏由此起脉。

周武王灭商建周后，为比干封墓，正式赐比干的儿子为林姓，赐名为坚，封河清公，食采于博陵。所以林坚就是林姓的始祖，比干成了林姓的太始祖。

散财送福的儒商陶朱公

大约在公元前536年，范蠡出生在一个清贫人家。他从小就不太合群，青少年时很有个性，勤于思考，性格独特，生活率性随意，无拘无束。据古代吴越地方史杂史《越绝书》记载，范蠡青少年的时候：

范蠡画像

一痴一醒，时人尽以为狂。然独有圣贤之明，人莫可与语。

无论什么时代，人们都习惯把与自己不相似的人看成是怪人。如果一个人与大部分人的生活轨迹或者思维都不一样，那人们铁定就会把他当作是怪胎另眼相待了。

少年时期的范蠡就是这么一个被别人指指点点的"疯子"。当时的邻居们把他称为"狂生"，一个不正常的人。范蠡看问题像圣贤一样明察一切，说话心直口快，那些严格遵守着世俗约定的人们简直无法和他交谈。

范蠡似乎也很享受这种状态，丝毫没有收敛的意思。据《史记》记载，范蠡"佯狂倜傥负俗"，是说范蠡整天假装疯癫、洒脱，与一般人的行为不一样。

■ 古籍中范蠡画像

范蠡性格怪僻，不近人情，是不是真像人们说他有神经病呢？其实不是的。范蠡之所以有这样的行为，有三个原因：

第一，范蠡对社会、对人生有较为深刻的洞察和思考。所谓"独有圣贤之明"，就是说他的见解深邃，而为一般人所不理解，他也不愿意与周围的人交流，所以显得孤僻、不合群，久而久之，人们都以为他是疯子。

第二，范蠡学习道家的风度。道家追求自然人格，不拘于礼法，生活随意自然，然而精神上极富想象力，内心世界极其丰富。老子、庄子就是代表人物。从范蠡的行为举止看，他至少在生活上是效仿道

《越绝书》作者为汉代的袁康和吴平，所记载的内容以春秋末年至战国初期吴越争霸的历史事实为主干，上溯夏禹，下迄两汉，旁及诸侯列国，对这一历史时期吴越地区的政治、经济、军事等多有所涉及，被誉为"地方志鼻祖"。其中有些记述，不见于其他典籍文献。

君子 特指有学问有修养的人。"君子"一词出自《易经》，被全面引用最后上升到士大夫及读书人的道德品质始自孔子，并被以后的儒家学派不断完善，成为中国人的道德典范。"君子"是孔子的人格理想。君子以行仁、行义为己任。《论语》一书，所论最多的，均是关于君子的。

家的。范蠡的举止行为受道家思想影响较深。

第三，是为了引起人们的注意。范蠡总感觉自己怀才不遇，无人赏识，他很想进入社会，施展才华，但知名度不高，为此，他以各种怪异、荒诞的行为提高自己的知名度。

其实，范蠡的内心是很清醒的，他有"治国平天下"志向，生活行为却放荡不羁，这正是他儒道互补的性格。不合时俗、行为怪异的范蠡，终于引起了别人的注意。

当时的宛县县令文种得知三户有一位与众不同的狂人，觉得此人不俗，将来会有作为，很想和他谈谈，于是派了一个小吏前去联系。谁知这个小吏回来后对文种说："范蠡是本国狂人，生有此病。"

但文种深知范蠡不是平凡之人，他笑道："我早就听说那些真正的贤士，都会有着玩世不恭的轻狂举止，但其实他们内心自有高见，只是不说而已。这样的君子，你这样的普通人肯定是分辨不出来啊。"

■ 范蠡塑像

文种认为，"狂夫多贤士，众贱有君子"，于是决定自己亲自去请范蠡。但是，文种到达三户后，并没有见到范蠡。原来，范蠡是为了试探文种而躲藏了起来。范蠡很自信，他预料到文种肯定还会找他。

果然，没过多长时间，文种又来了。这次范蠡很郑重地与文种会见，二人谈得非常投机，史书说他们"终日而语"。他们纵论天下大势，分析各国的政治状况，"疾陈霸王之道"，达成了共识。

文种、范蠡两人志同道合，决定不管天南地北都互相追随。他们商量的结果是：离开楚国，到外面发展。范蠡分析天下的形势，认为争夺霸主的气运已出现在东南一带，"见霸兆出于东南"。于是和文种决定到东南方向的越国发展。

■ 范蠡进西施

大约在公元前511年，范蠡和文种来到越国，受到了越王允常，也就是勾践之父的欢迎。成为越王身边的重要谋臣，范蠡为实现治国平天下的理想和实现人生价值找到了机会。

在越国，范蠡充分发挥了政治才干。尤其在帮助越王勾践对付吴国的问题上，展示了过人的胆识。

在勾践一意孤行，使越军人困马乏，断水绝粮，危在旦夕之时，范蠡和文种分析了吴越双方的形势，提出要想打败吴国，必须用计取胜，建议先向吴国求和，答应屈辱的条件，以获得生存的机会，再设法东山再起。

吴国答应了越国求降的要求，但条件是越王勾践要带着妻子到吴国去当奴仆。勾践觉得文种与范蠡

县令 我国古代官职之一。战国时，魏、赵、韩和秦称县的行政长官为令。秦国在商鞅变法时，将乡合并为县，设置县令及职责。县令本直隶于国君，战国末年时，县令成为郡守的下属。秦、汉法令规定，人口万户以上的县，县官称县令。明清以知县为正式官名。

■ 范蠡铜像

足智多谋，处事经验丰富，如果有他们在自己身边，可以有个依靠，反复琢磨，决定带文种去。

于是，勾践召见范蠡，把这个想法告诉了他。范蠡一听，表示不同意，他说："国境以内治理百姓的事，我比不上文种；但在国境以外，对付敌国，需要当机立断的事，文种比不上我。"

范蠡这段话充分反映了他的人品。首先，范蠡很清楚他和文种的各自优长所在。文种曾任县令，有相当丰富的管理经验和实践能力，所以治理国家，管理百姓，是文种的擅长；而范蠡虽然没当过什么执政官，但他精通文武韬略，足智多谋，能应付复杂局面。

其次，透过范蠡的话还能看出他是心胸坦荡，勇挑重任的人。他知道，入吴为奴会受苦受难，生死未卜，这和在国内有一天一地之别。但他没有退缩，而是坦然相待，主动请行，体现了崇高的思想境界。

范蠡随勾践来到吴国，面对繁重的劳动和屈辱的待遇，他任劳任怨，他拒绝了夫差的拉拢和利诱，表示愿意和勾践在一起，干苦力活。同时他又寻找时机，巧施计谋，甚至在夫差得病之时，让勾践尝夫差的粪便，终于感动了夫差，放勾践、范蠡回到越国。

在吴国为奴的几年中，范蠡表现出超人的气度和高超的谋略，使他奠定了在勾践身边稳固的地位，勾践对他言听计从，范蠡得以充分展示自己在治国治军方面的才干。

勾践、范蠡平安回国后，他们报仇雪恨的念头未减。勾践将兴越灭吴的大计，寄托在范蠡身上，他对范蠡说："我的国家就是您范蠡的国家，请您帮我好好谋划吧！"

在范蠡的谋划下，越国君臣同心，经济恢复发展，军事力量增强，灭吴的时机一天一天成熟。

公元前473年，在范蠡的策划下，越国发动了对吴国的关键一击，吴王夫差被俘，自杀而死。自公元前494年越国在会稽山被围困以来，勾践在范蠡的帮助下，度过了最艰难的岁月，经过"十年生聚，十年教训"，终于完成了复国的大业。

灭掉吴国后，勾践封赏范蠡，任他为上将军，范蠡却不为所动。大约在公元前470年时，他向勾践表示自己准备离开越国，勾践执意挽留。范蠡并不动摇，不久范蠡就带领全家人离开了越国。

这是为什么呢？范蠡为什么不在立了大功之后，享受高官厚禄的功臣待遇呢？这主要还是因为范蠡聪敏机智的头脑，他在和勾践相处的日子里，已经知道勾践这种帝王绝不是会

■ 范蠡塑像

万事如意

民间吉神与文化内涵

■ 财神范蠡塑像

弓 是抛射兵器中最古老的一种弹射武器。它由富有弹性的弓臂和柔韧的弓弦构成，当把拉弦张弓过程中积聚的力量在瞬间释放时，便可将扣在弓弦上的箭或弹丸射向远处的目标。弓箭作为远射兵器，在春秋战国时期应用相当普遍，被列为兵器之首。自人类出现战争到近代枪炮大量使用为止，弓的作用是任何武器无法替代的。

报恩还功的人，何况历代以来，凡是"功高盖主"的臣子都没有好下场。

这种懂得在合适的时机抽身而退的机智，和能从大局着想的思维，也正是范蠡日后的成功所在。最重要的是，范蠡不仅自求保全，也没有忘记昔日提拔照顾他的文种。

根据《史记·越王勾践世家》的记载，范蠡在离开越国之后，还给老朋友文种写了一封信。信中说：

飞鸟尽，良弓藏，狡兔死，走狗烹。越王长颈鸟喙，只可与同患难，而不可与之同乐，子何不去？

意思是说，当飞鸟被捕捉尽之后，再好用的良弓也会被封藏搁置起来。当野兔都捕捉到了，再好的猎犬也逃不过被抛弃甚至灭口的命运。越王这个人，只能同患难不能共富贵，您为什么还不快快离去呢？

文种见信后，也感到后怕。他虽然忧心忡忡，却始终抱着一份微茫的希望，想证明越王不会那样对待自己，范蠡的想法是错误的。但是，越王最终还是除去了文种。

范蠡能看破人心，懂得进退自如，从大局着想。先是以儒家的奉献精神和忠勇之义帮助越王夺回了江山，后来又以道家的姿态洒脱而去，这就成了范蠡著名的"一聚一散"。

范蠡离开越国后来到了齐国，齐国的自然环境十分优越，物产丰富。到齐国后，范蠡变了姓名，自谓鸱夷子皮。

所谓"鸱夷"，是古代盛酒之壶状器具，是一种皮制的口袋，用时"尽日盛酒"；不用时，可收起叠

儒家 又称"儒学""儒家学说"，或称为"儒教"，是我国古代最有影响的学派。作为华夏固有价值系统的一种表现的儒家，并非通常意义上的学术或学派，它是中华法系的法理基础。儒家最初指的是冠婚丧祭时的司仪，自春秋起指由孔子创立的后来逐步发展以仁为核心的思想体系。

■ 范蠡祠财神殿

招牌 是挂在商店门前作为标志的牌子,主要是用来指示店铺的名称和记号。招牌有竖招、横招或是在门前牌坊上横题字号,或在屋檐下悬置巨匾,或将字横向镶于建筑物上。在我国古代,招牌实际上也成为经营者的品牌标识,不少招牌还蕴含着丰富的人文故事。

好,随身携带。是古代民间普遍使用的一种韧性很大的"酒囊"。直到宋代仍有此物。北宋文学家苏轼曾在诗中写道:"不持两鸱酒,肯借一车书?"

所谓"子皮",就是"皮子"。"鸱夷子皮",就是"酒囊皮子"。范蠡为何会用这么一个看似粗俗的名字呢?智者见智,仁者见仁。

鸱夷子皮虽然是牛皮做的酒器,看似粗俗,实则蕴含能屈能伸、包罗万象、吞吐天地之意。范蠡的境界达到了"空"和"忘我",挥洒自如,姓名更是如此,从这一点能看出其胸襟之开阔,超凡脱俗。这是范蠡用此姓名的最重要原因。

范蠡经营的主要是饲料、繁殖、销售牲畜的农牧业,雇用了大批劳动力,要和农夫、驭手、屠户、运夫等人打成一片,和当地建立良好的人际关系,促进事业的发展。

在当时的情况下,范蠡如果用自己的大名,就会显得冷僻严肃。而用通俗幽默的"酒囊皮子"介绍自

■ 范蠡祠

己，恐怕话一出口，对方就乐了，雇主和雇工之间的隔膜也就会冲破。一个"外来客"想要在陶地治产经商，不放下架子入乡随俗，不和当地人融在一起，是寸步难行的。

此外，"鸱夷子皮"这个字号本身就具有招牌的效应。当人们对看起来很好听的名字而感到麻木时，对这种反其道而行之的"俗名"更容易记住和关注。

■ 范蠡阁

根据《史记》记载，当时的范蠡带领全家人种庄稼，还经营其他产业。比如，利用海上资源，晒盐和捕捞海产品。还可能经营其他副业，包括养殖业。经过努力，很快就积累了数千万家产，终于致富。

范蠡依旧有着儒家的文雅和仁慈，他仗义疏财，施善乡梓，不久就广为人知。齐王得知范蠡在齐国后，便迫不及待地请他到朝廷任相。

范蠡虽然答应了，但到任时间不长后就辞职，再度离开了功名利禄。《史记·越王勾践世家》记载，范蠡曾经感叹说：

居家则致千金，居官则致卿相，此布衣之极也，久受尊名，不祥。乃归相印，尽散其财，以分与知友乡党。

字号 古人除了名以外的另外称呼或一家商铺的名称。字号是我国独特的商业文化，有些经营者将一个人的姓、名、字、号等组合形成字号，成为一家商铺的名称，也就是招牌。例如同仁堂、全聚德、朵云轩、荣宝斋等等，都是商铺的字号。

儒商 即为"儒"与"商"的结合体，既有儒者的道德和才智，又有商人的财富与成功，是儒者的楷模，商界的精英。儒商的特征是：注重个人修养；诚信经营；有较高的文化素质；注重合作；具有较强责任感。

这段话的意思是说，居官至于卿相，治家能有千金；对于一个白手起家的布衣来讲，已经到了极点。久受尊名，恐怕不是吉祥的征兆。

于是，范蠡任相3年，再次急流勇退，向齐王归还了相印，散尽家财给知交和老乡，成了范蠡的"二聚二散"。

一身布衣的范蠡第三次迁徙至陶，就是后来山东肥城的陶山。当时的陶地东邻齐、鲁，西接秦、郑，北通晋、燕，南连楚、越，居于"天下之中"。

范蠡在这个最佳经商之地，根据时节、气候、民情、风俗等，人弃我取、人取我予，顺其自然、待机而动以治产，没出几年，经商积资又成巨富，再次散财，称为"三聚三散"。

在这之后，范蠡自号为陶朱公，当地民众皆尊陶朱公为财神，乃我国道德经商，儒商之鼻祖，被称为一代"商圣"。

范蠡作为财神的形象是很丰满的。他心善懂奉献，也不留恋功名金钱，懂得急流勇退，转换角色，弃官务农、经商，体现了儒道互补的人生哲学。唐代诗人汪遵有一首《五湖》诗，对范蠡大加赞扬，诗写道：

■ 范蠡教人民经商之道图

已立平吴霸越功，片帆高扬五湖风。
不知战国官荣者，谁似陶朱得始终。

■ 范蠡石刻

后世有很多崇拜敬仰文财神陶朱公的人，人们纷纷研究起范蠡的为商之道。可以说，在所有的财神之中，只有范蠡离人们的生活最近，也最能帮助人们以仁义聚财。

首先，范蠡经商不是盲目地出击，而是精心选择地点，充分发挥自然环境的优势，以求得到最好的经济效益。

他离开越国后来到齐国。根据《史记》的记载，当时的齐国"地带山海，膏壤千里，宜桑麻"，具有良好的从事生产的条件，为范蠡经商奠定了基础。范蠡充分利用齐地的资源和环境，带领全家人，"耕于海畔，苦身戮力"，多种经营，"父子治产，居无几何，治产数十万。"

《史记》是由司马迁撰写的我国第一部纪传体通史，是二十五史的第一部。记载了上自上古传说中的黄帝时代，下至汉武帝太史元年间共3000多年的历史。《史记》最初没有书名，或称《太史公书》《太史公传》，也简称《太史公》。

■ 范蠡铜像

上将军 我国古代武将的官名。战国已有，秦因之。汉不常置，金印紫绶，位次于上卿，职掌为典京师兵卫或屯兵边境。汉末以后，将军名号繁多，名称素朴之前、后、左、右之类，渐渐废弃。三国魏晋时只作为尊称。

范蠡从越国的上将军一变而为劳动者，在官为本的时代，多少人仰慕高官厚禄，而范蠡坦然改变身份，潜心从事生产，埋头苦干，迅速致富，对传统观念作出了大胆的挑战。仅此一点，对后人的启迪就已极其深刻。

其次，范蠡丰富的经商理念也使财神之美誉名副其实。在范蠡的经商原则里，有一条就是强调主张把握商机，候时转物。他遵循经济丰歉循环论经商，提出"待乏论"，不要人等货，应让货等人。也就是说，要准备别人没有的或想不到的货物，这样才能在市场上占据优势。

范蠡主张"逐什一之利"，薄利多销，不求暴利，这正符合我国传统思想中经商求"诚信"、求"义"的原则。

范蠡经商就和他从政一样，既拥有古代儒家治国平天下的远大抱负，也有道家顺应自然大道的豁达人生观，儒道互补，外道内儒，顺应自然，所以他无论是在从政还是经商中都保持了心态的平和、淡定。

在范蠡思想中，追求和谐的天道、地道、人道尤为可贵。他曾说过，治理国家有3件事要注意：国家强盛时要设法保持下去，这叫持盈；国家将要倾覆时要设法转危为安，这叫定倾；平时治理国家政事要得当，这叫节事。

范蠡还曾对勾践说："天道要求我们盈满而不过分，气盛而不骄傲，辛劳而不自夸有功。"这些，也正是经商的人需要注意的事情。

人们还从范蠡的经商事迹和经商思想中总结出了《陶朱公生意经》，又称《陶朱公商经》《陶朱公商训》或《陶朱公经商十八则》。其主要内容包括：生意要勤快，勿懒惰；接纳要谦和，勿暴躁；价格要定明，勿含糊；账目要稽查，勿懈怠；货物要整理，勿散漫；出纳要谨慎，勿大意；期限要约定，勿延迟；临事要尽责，勿放任；用度要节俭，勿奢侈；买卖要随时，勿拖延；赊欠要识人，勿滥出；优劣要分清，勿混淆；用人要方正，勿歪斜；货物要面验，勿滥入；钱账要清楚，勿糊涂；主心要镇定，勿妄作；工作要细心，勿粗糙；说话要规矩，勿浮躁。

以上"十八要十八勿"的核心是"诚信"，所以称之为"商训"，成为后世经商的法则，用来教导商家，规范商业秩序。

阅读链接

相传在春秋战国时期，陶朱公曾带着家人在一处山坳里砍树造屋居住下来。他和家人在那里挖了30来条沟，每条沟有十来丈长，三四尺宽，一尺来深。挖好后，放上柴草，盖上细泥，饲养白蚁。白蚁养起来后，把鸡放到沟里吃。鸡长得又大又肥，蛋又下得很多。

每逢青黄不接时候，陶朱公常常到外坳、长坦一带看看山下几个村庄，哪一户屋顶上若升不起炊烟，就把粮食、鸡蛋送去。后来，不晓得为什么，他又带着一家人搬走了。当地人为了感谢陶朱公的恩德，就把他隐居过的地方叫作陶朱坑。

封为财帛星君的李诡祖

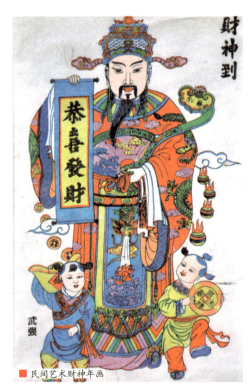

财神到

恭喜發財

武强

■ 民间艺术财神年画

　　李诡祖是我国民间最受欢迎的文财神，有增福相公、增福财神和福善平施公等多个称誉。李诡祖本人是淄川五松山人，北魏孝文帝时曾担任曲梁县令，清廉爱民，去世后人们立祠祭祀他。

　　1920年版的《三续淄川县志》中就有李诡祖的记载：

　　北魏李诡祖，孝文帝时，任曲梁令。当南北纷争，民苦兵戈，独能抚楫流亡，敦行教化，与民休息，卒于官。民怀其德，立庙尸祝之，至今享祀不衰，明晋祀名宦祠。

又据《曲周县志》的记载，李诡祖在担任曲梁县令期间清正廉洁，为民造福，疏通河道，治理盐碱，率先垂范，生活俭朴，把自己的俸禄都拿出来周济贫苦的人，是老百姓爱戴的清官，因此老百姓们才立祠纪念。

■ 财帛星君塑像

招财进宝
财神

传说李诡祖是玉皇大帝帐下的太白金星，属于金神。在天庭的职衔是"都天致富财帛星君"，专管天下的金银财帛。所以李诡祖去世后，人们也把他当作财神加以供奉，这一习俗迅速传遍大江南北。

有学者认为，我国的财神崇拜诞生于元明期间，但是齐地民间对于李诡祖的崇拜可能要追溯到隋代之前。因为齐地自古是富庶之地，从周代姜太公开始，"通工商之业，便鱼盐之利"，生产水平逐年提高。

到了汉代时，我国的商业已经十分发达。可以说南北朝到隋代的这段时间之间，齐地已经具备了产生财神崇拜的基础。而将李诡祖传为太白金星应该也和神话故事有关。

在古代，太白金星是东方最容易观察到的一个星

俸禄 古代皇朝政府按规定给予各级官吏的报酬。主要形式有土地、实物、钱币等。我国古代俸禄制度的发展可分为3个时期。商周时期因官职同爵位相一致，表现为土地形式，封地的大小是各级官吏的俸禄标准。春秋末期和唐初主要以实物作为官吏的俸禄。

体，民间赋予它无限的神性。在道教中称太白金星为太白星君，是道教五星君之一，全称"西方金德太白天皓星君"，是神仙中知名度最高的神之一，地位仅在三清之下。北宋的道教经典著作《还丹众仙论》记载太白金星说：

> 太白金星者，金之精也，受月之魄，合土星之气。

北宋道士李思聪在所编的《洞渊集》卷七里面进一步描述太白金星说：

■ 民间艺术财神年画

> 西方金德星君，金之精，白帝之子。主刀兵将军肃杀之威。其精下降为雨师之神，光照七十万里，径一百里，一年一周天。星君戴星冠，蹑朱履，衣皓鹤白霞之衣，执玉简悬七星宝剑，垂白玉环佩。管人间金银钢铁玉石，兔牛马牲豕鼠虫，石人石马，霜雪之事。

这些记载都说明，太白金星在宋代甚至唐代之前已经具备财神的神性。

虽然李诡祖起初被看成是有聚财能力的太白金星的化身，但是起初的李诡祖是不具备财神形象的。明代万历年间，曲周的兵部尚书王一鹗在曲周本地的《重修增福李公祠碑记》中记载说：

祠崇祭祀旧邑侯李公也。案郡乘，公家世淄川，魏文帝朝仕曲梁。时殄妖塞横水，心切民隐，贻福孔多，既逝之后，民作庙祭祀之。盖能御大灾，捍大患。

■ 财神爷雕像

由此可见，起初的李诡祖不是财神，而是"御大灾，捍大患"的神灵，还善降水妖，不过这实际上指的应该是兴修水利。

那么，如此这样一位为民造福、生活俭朴的清官，是怎么在去世之后成为财神的呢？这跟一个民间传说有关。

627年，唐高祖李渊的夫人太穆皇后得了一种怪病，就像鬼缠身一样，昼夜不得安宁。李渊找遍了国内的圣手神医，也找来民间偏方让太穆皇后喝了种种中药，但都不见好转。唐太宗李世民也十分忧心母亲

祭祀 是华夏礼典的一部分，更是儒教礼仪中最重要的部分，礼有五经，莫重于祭，是以事神致福。祭祀对象分为三类：天神、地祇、人鬼。天神称祀，地祇称祭，宗庙称享。祭祀的法则详细记载于儒教圣经《周礼》《礼记》中，并有《礼记正义》《大学衍义补》等书进行解释。

的病症，马上发榜在全国征求神医。

这时候，一个来自齐地的云游道人来见李世民，告诉他说："皇上啊，尽管我大唐的建立是顺天应时，但在统一江山的期间难免有些争端摩擦。如今天下已定，生者可以悠然度日，但那些游魂冤鬼却找不到归宿，因此迁怒于太后啊。"

李世民听完后，大惊失色，于是追问说："那该怎么办呢？"

道人温和地说："在齐地的淄川，有位神仙姓李名诡祖，正好是圣上的本家。这个李神仙曾在北魏孝文帝朝治相府事，后在五松山得道成仙。诡祖的谐音是'鬼祖'，所以主裁阴阳两间冤狱，最能驱神役鬼，祛病消灾。您要是想求助于这位神仙，就在太后的住处设立起一个李神仙牌位，求其显灵，保证能医好太后的疾病。"

李世民依计而行，太后果然很快就痊愈了。李渊感激李神仙的神功高强，于是就赐封李诡祖为"财帛星君"。

李诡祖显灵治病是否属实不得而知，唐高祖李渊是否真正赐封过李诡祖也没有正史记载，但是文学作品中却有佐证。

北宋宰相富弼在青州做知府时，曾经作诗《过淄川仙人乡》一

道人 道教的神职人员和信徒。道教是我国的本土宗教，以神仙信仰为核心内容，以丹道法术为修炼途径，以得道成仙为终极目标，追求自然和谐、国家太平、社会安定、家庭和睦。道教认为，修道积德者能够幸福快乐、长命百岁。

■ 财神塑像

首，其中有一句"唐封财神今犹在，世外桃源非梦乡"。诗句中的"唐封财神"指的可能就是李渊赐封李诡祖的事迹。

不管"唐封财神"是事实还是传说，但有一点可以肯定，在被赐封为"财帛星君"之前，李诡祖的功能除了"御大灾，捍大患"之外，还能"驱神役鬼，祛病消灾"。但经过赐封之后，李诡祖则具备了财神爷的神性。

除此之外，道人所说的李渊、李世民父子和李诡祖是本家，也是有依据的。根据历史学家的研究，李诡祖是胶西国太傅李解的玄孙，李解是李耳的后裔。所以李诡祖既是李渊的本家，又是道教的名人。

■ 财神像

唐高祖李渊掌权之后做了两件大事，一是认李耳为祖，二是赐封本家李诡祖，这种做法可谓一石三鸟：第一，通过道教祖师李耳掌握了全民的意识形态；第二，通过赐封李诡祖为财神，间接成为了掌握财富和民生的主宰；第三，在太白金星李长庚和李诡祖之间建立了某种联系，使李诡祖的财神形象更易为民众接受。这些做法都对于稳定李氏江山和后来的李唐盛世奠定了基础。

到了唐末宋初的五代十国时期，天下混战，民不

知府 古代官职。宋代至清代地方行政区域"府"的最高长官。唐以建都之地为府，以府尹为行政长官。宋升大郡为府，以朝臣充各府长官，称以某官知某府事，简称"知府"。清代沿明制不改。知府又尊称"太守""府尊"，亦称"黄堂"。

民间吉神与文化内涵

纸马 俗称"甲马"。古时祭祀用牲币，后演变为用偶马。纸马的形式实质上就是木刻黑白版画，因为它只存在于民间，为区别其他的书籍插图版画、佛、道经版画等，称为民间版画。

■ 财神殿

聊生。后唐皇帝明宗李嗣源为了强调自己李姓的正统性与合法性，再次加封李诡祖为"神君增福相公"，借以提高自己的名望和实力。

尽管后唐是一个短命的王朝，但是这次赐封的影响却非常久远。后代史料上以及民间所称的"增福财神"就是来源于这次赐封。一般说来，北方人多称李诡祖为增福财神，而南方人更喜欢用财帛星君这个来称谓。北方多有增福庙，而南方多有财帛星君庙。

有证据表明，增福财神崇拜在宋代已经非常普遍。比如说，我国所知最早的财神纸马就是辽金时期的"增福相公"。画中的大耳相公脚下金钱财宝满地，表示出对财富的追求，可见宋代时对财神的崇拜已经深入到民间，增福相公李诡祖不但声名远播，而且具有非常明确的财神影响。

成书于元明时期的道教经典《三教源流搜神大全》中，有增福相公一图。这位增福财神穿一品朝服，戴丞相帽。

书中描述他说：

李相公讳诡祖，在魏文帝朝治相府事。白日裁断阳间冤狱，夜间主判阴间是非，兼管随朝三品以上官人衣饭禄料，及在世居民每岁分定合有衣食之禄。至后唐明宗天成元年赠为神君增福相公。

在典籍里面，李诡祖的影响得到空前增强，他不但具有财神的神格，还同时具有禄神和福神的神格。

此外，明代的《三教源流搜神大全》《续道藏·搜神记》以及后来的《中华道藏》也都有相同记载。

元代是我国历史上第一个由少数民族建立的王朝。成吉思汗崇尚道教，特邀全真道长丘处机北上，并将其尊为神仙。据说，丘处机当时曾赠献成吉思汗一帙《增福财神宝卷》，成吉思汗如获至宝。

随后，元世祖忽必烈步唐朝李渊和后唐明宗的后尘，登上皇位后的同年就册封李诡祖为"福善平施公"，使李诡祖的影响扩展到了更多的地方，现在的内蒙古自治区也有增福相公庙。

在元世祖赐封李诡祖的封号中，有"施平"两字。"施平"，意味着公平施与，一视同仁。至此，财神李诡祖又增加了新的内涵。他不但赐予人们财运、福气，并且还教化善行，同时，他的赐予具有"有教无类""一视同仁"的特征。

福和财是幸福生活的两个方面，二者不能相互取代，有了财不一定有福，有福不一定有财，而增福财神能够同时满足人们对福和财的追求，因此受到皇室

■ 财神塑像

丘处机 （1148年～1227年），亦作邱处机，道号长春子，是道教主流全真道掌教教主以及执掌天下道教的宗教领袖，我国宋代著名全真道掌教真人、思想家、道教领袖、政治家、文学家、养生学家和医药学家。丘处机曾经以74岁高龄而远赴西域行程35000里，劝说成吉思汗止杀爱民而闻名世界。

朝冠 清代官帽。凡军士、差役以上军政人员都戴似斗笠而小的纬帽，按冬夏季节有暖帽、凉帽之分，还视品级高低安上不同颜色、质料的"顶子"，帽后拖一束孔雀翎。翎称花翎，高级的翎上有"眼"，并有单眼、双眼、三眼之别，眼多者为贵。

■ 财神像

和民间的普遍崇拜。

特别是经过唐高祖、唐明宗和元世祖的三次册封，使增福财神成为家喻户晓的文财神李诡祖，其影响也反映在人们生活的方方面面。

到了明清时期，"增福财神财帛星君"李诡祖成为民间最受欢迎的财神爷。明清期间木板年画上都是他的画像，甚至在清光绪年间发行的钞票上都有他的画像。

画像中的李诡祖白脸长须，面带笑容，温文尔雅，头戴朝冠，身穿红袍，锦衣玉带，左手执如意，右手执元宝，脚踩聚宝盆，上写"招财进宝"四字。

有的画像上，还有两名童子为李诡祖打着日月障扇，左青龙，右白虎，口吐孔钱和元宝，显得这位财神爷神通广大，有取之不尽用之不竭、源源而来的金银财宝之意。李诡祖的绘像还经常与"福""禄""寿"三星和喜神列在一起，合起来为福、禄、寿、喜、财"五福"。

文财神李诡祖成道日是农历七月二十二，因此那一天是财神节，全国人民都举行各种形式的庆祝活动。

对于七月二十二为增福财神圣诞的来历，山东地区也有个传说：在隋文帝执政时期，周村有一个姓李的掌柜，在齐州府经营着一家叫"财帛永兴"的丝绸店。

■ 祭财神

在七月二十一日那天夜里，那位李掌柜一连做了3个完全相同的梦。梦中的他正在照顾生意，门外突然来了个耄耋老者，一进门就坐在一把椅子上说："哎呀呀，明天就是我的诞辰了啊。谁要是给我过，我就保证他财运亨通，生意兴隆。"

李掌柜为讨个吉利，第二天一大早就准备好香纸、供品、鞭炮，并根据梦中老者的嘱咐，燃放鞭炮，奉献香火，祭奠先祖。

说来也怪，那天来看热闹的人不少，看完后都纷纷涌到店内买绸布，本来冷清的生意立马红火起来。

李掌柜迎财神的事儿很快被好事者一传十，十传百地传开了。所以，每年阴历的七月二十二，齐州府的家家店铺都效仿，渐渐形成了迎财神的习俗。

在文财神中，李诡祖在民间最受欢迎。春节前的除夕时，家里都会请财神，将财神的画像粘贴在正厅

白虎 我国传统文化"四象"之一，传说白虎具有避邪、禳灾、祈丰及惩恶扬善、发财致富、喜结良缘等多种神力。白虎象征着威武和军队，也是战神。根据五行学说，它是代表西方的灵兽，因西方属金，色白，所以叫白虎，代表的季节是秋季。

财神木雕像

大门的西端南墙上，祈求财运、福运。正月初五，各商铺开市时，一大早就金锣爆竹、牲醴毕陈，以迎接财神。

清代的苏州文士顾禄在描述苏州及其附近地区的风俗著作《清嘉录》中引了一首蔡云的竹枝词，描绘了苏州人初五迎财神的情形：

五日财源五日求，
一年心愿一时酬。
提防别处迎神早，
隔夜匆匆抱路头。

诗中的"抱路头"也就是"迎财神"的意思。我国北方地区有在正月初一拜财神，正月初五接财神的习俗。当天，家家户户都会摆供品为财神祝寿，祈求财神赐福，保佑来年财源广进，五谷丰登，幸福美满。

清代文学家蒲松龄在他的戏曲《穷汉词》里面也描写了这种习俗：

大年初一，烧炷名香，三盏清茶，磕了一万个响头，就把财神爷爷来祝赞祝赞。忙祝赞，

万事如意

民间吉神与文化内涵

忙磕头，财神在上听缘由；听我从头说一遍，诉诉穷人肚里愁。

李诡祖不但在山东受到人们的供奉，在他任县令的河北曲梁也受到供奉。人们在曲梁为其立冢建庙加以祭祀，这在《增福李公祠记略》中也有记载：

固祭祀典，之所适宜祭祀者，有唐封增福相公，元封福善平施公，则庙之所建也远矣！明兴晋祀名宦仍唐封，以便民之伏腊荐享，灾祥祈禳者，公多灵异，每祷辄应。

李诡祖把他的一生奉献给了曲、周这块土地，看起来只是在名宦祠里每年得到祭祀，实际却是在百姓的心目中占有不朽的地位啊。

阅读链接

传说当年李诡祖成道成仙之后，每年都要到全国各地巡查。这一年辗转来到广宁翠山时，遇到当时名士郑板桥，所以决定要试探他一番，就变为一个白发老人。一阵山风吹过，老人的帽子被吹落山脚。郑板桥看到以后，连忙下去帮他把帽子捡起来。这样连续3次，老人才对郑板桥笑笑，并拿出一大串钱送给郑板桥。郑板推辞不受。老人说："这钱不是送你的，是你帮我做了事，应得的报酬。"郑板桥一愣，知道是遇上财神爷，便解嘲地说："君子爱财，取之有道。还是到你该去的地方去吧！"说完把钱往空一撒，洒落翠山腰。

谁知这些钱跌落地，钱眼套住正在破土而出的竹笋，竹笋长大都变成四方的了。碧翠湖翠山上那一片全广东省面积最大的四方竹，就是从财神爷的钱眼中长出来的。

庇护商贾的武财神关公

关羽像

关公就是关羽，字云长，是三国时蜀汉的名将，在我国是位家喻户晓、妇孺皆知的人物。关羽早年跟随刘备辗转各地，曾被曹操生擒，于白马坡斩杀袁绍大将颜良，与张飞一同被称为万人敌。

据清康熙年间江夏明阳宣史徐道《历代神仙通鉴》记载的传说：关公的前生本是"解梁老龙"，汉恒帝时期，河东连年大旱，老龙怜悯百姓们，当晚就兴云雾，汲黄河水施降。

玉帝见老龙有违天命，擅取封水，令天曹以法剑斩之，将龙头抛

在地上。解县有个叫普静的僧人在溪边发现了龙首，
就提到庐中放在合缸内，为死去的老龙诵经咒9天。

■ 桃园三结义画面

9天后，僧人听见缸中有声音，但打开后却发现
空无一物。与此同时，溪东解梁平村宝池里关毅家已
有婴儿落地，乳名寿，幼从师学，取名长生，后自名
羽，字云长。

据我国古典"四大名著"之一的《三国演义》记
载，关羽因原籍恶豪倚势凌人，遂杀恶豪后奔走江
湖。东汉末年，与刘备、张飞在桃园结义，誓共生
死，同起义兵，争雄天下。

关羽最为人知的美德是他的忠诚和勇敢。200年
时，曹操出兵大败刘备。刘备投靠袁绍后，曹操擒住
了关羽，看中关羽为人忠义，拜为偏将军。后曹操察
觉关羽无久留之意，便用大量金银珠宝、高官、美女
来收买，但关羽丝毫不为钱财名利所动。

当关羽得知刘备在袁绍处，立即封金挂印，过五

《三国演义》
全名《三国志通
俗演义》，我国
古典"四大名
著"之一，由元
末明初小说家罗
贯中所著。是我
国第一部长篇章
回体历史演义的
小说，既有情
节，也有兵法韬
略。《三国演
义》成功刻画了
近500个人物形
象，其思想性和
艺术性，对后世
产生了极其深远
的影响。

华佗（约145年～208年），东汉末年著名医学家，字元化。华佗与董奉、张仲景并称为"建安三神医"。他医术全面，尤其擅长外科，精于手术，被后人称为"外科圣手""外科鼻祖"。精通内、妇、儿、针灸各科，尤为擅长外科。

关斩六将去寻刘备。刘备自立为汉中王，封关羽为五虎大将之首将。曹操得知大怒，与司马懿设计，联合孙权共取荆州。后来，关羽痛失荆州，夜走麦城，兵败被擒，不屈而亡。

《三国演义》后来说：关羽遇难后，阴魂不散，荡荡悠悠，直到荆州当阳县玉泉山上空大呼："还我头来！"山上老僧普静听到后说："往日是非还是不要再提啦。关将军您被吕蒙所害，就大呼'还我头来'，但是往日那些被将军战败的人又要向谁索命呢？"关羽恍然大悟，冤冤相报永无宁日，遂下决心皈依佛门。

关羽为人勇敢而有涵养，留下了不少千古美谈，刮骨疗伤就是关羽的传奇之一。

■ 战场上的关羽

关羽攻打樊城时，被毒箭射中右臂。将士们取出箭头一看，毒已渗入骨头，劝关羽回荆州治疗。关羽决心攻下樊城，不肯退。将士们见关羽箭伤逐渐加重，便派人四处打听名医。

■ 关羽刮骨疗毒画

一天，有人从江上驾小舟来到寨前，自报姓华名佗，特来给关羽治伤。关羽问华佗怎样治法？华佗说："我怕你害怕，立一柱子，柱子上吊一环，把你的胳膊套入环中，用绳子捆紧，再盖住你的眼睛，给你开刀治疗。"

关羽笑着说："不用捆。"然后命人置办好宴席招待华佗，一边喝酒与人下象棋，同时把右臂伸给华佗，并说："随你治吧，我不害怕。"

华佗切开肉皮，用刀刮骨。在场的人吓得用手捂着眼。但关羽神态自若，一边喝酒，一边下棋。

箭 又名"矢"，是一种借助于弓、弩，靠机械力发射的具有锋刃的远射兵器。因其弹射方法不同，分为弓箭、弩箭和捽箭。箭的历史是伴随着弓的产生，远在石器时代箭就作为人们狩猎的工具。传说黄帝战蚩尤于涿鹿，纯用弓矢以制胜，这是有弓矢之最早者。

过了一会，血流了一盆，骨上的毒刮完，关羽笑着站起来对众将说："我的胳膊伸弯自如，好像从前一样。华佗先生，您真是神医呀！"华佗也敬佩地说："我行医以来，从没见像你这样了不起的人，将军真乃神人也。"

关羽去世后，逐渐被神化，被民间尊为"关公"，又称美髯公。历代朝廷多有褒封，清代奉为"忠义神武灵佑仁勇威显关圣大帝"，崇为"武圣"，与"文圣"孔子齐名。《三国演义》尊其为蜀国"五虎上将"之首，毛宗岗称其为《演义》三绝之"义绝"。

关羽画像

关羽不仅是历史人物，经过几千年的历史演变为老百姓心目中的神像，也是古代各地商人修建山陕会馆中正殿所坐神像。

传说关羽身长九尺六寸，须长一尺六寸，面如重枣，唇若抹朱，丹凤眼，卧蚕眉，与其忠义之气概正好互为表里。有人以诗赞曰：

精忠冲日月，义气贯乾坤。
面赤心尤赤，须长义更长。

关羽在我国道教的神仙

中有着很高的地位，在佛教中也被尊称为伽蓝菩萨和护法神将。由此可看出关羽在我国百姓心目中的地位。我国的河南、山东、陕西、山西、甘肃、湖北、以及南方沿海地带很多地方都有关羽的寺庙，可谓壮观雄伟。

关公是忠义勇敢的象征，被尊为"武圣"和"武财神"，形象威武，忠肝义胆。传说有镇宅辟邪、护佑平安、招财进宝、财源广进、提振权威的作用，所以多为开店经营、经商理财等界人士供奉。

■ 关羽画像

人们相信关公武财神像为正义及正气化身，最善制煞镇妖、除鬼魅防小人，所以家中若有久病之人，或者身体健康状况不佳，就请一尊圣像镇守宅中。

因此，相传供奉关公不仅能"治病除灾，驱邪辟恶，诛罚叛逆，巡察冥司"，还能"司命禄，庇护商贾，招财进宝"，又因其忠义，被奉之为财神。

关羽身为战将却被奉为财神，主要是商人们的三种想法：

一说关公生前十分善于理财，长于会计业务，曾设簿记法，发明日清簿，这种计算方法设有原、收、出、存四项，非常详明清楚，后世商人公认为会计专

辟邪 即避凶，"辟"即"避"，"邪"即"凶"。辟邪是一类铭记历史教训、避免重蹈覆辙的信物。广义而言，民间使用的辟火、辟水、辟兵、辟车等都可称为辟邪。广义的辟邪，或者民俗中的辟邪应该指一种行为以及它所引起的一些礼仪形式。狭义的辟邪，是辟邪行为的一种工具。

■ 武财神关公像

才，所以奉为商业神；

二说商人谈生意做买卖，最重义气和信用，关公信义俱全，因此而尊奉之；

三说传说关公逝后真神常回助战，取得胜利，商人就是希望有朝一日生意受挫，能像关公一样，来日东山再起，争取最后成功。

也有人说，关公年轻的时候，在家乡从商，以贩卖布匹为业。生前精于理财之道，最擅长算数记账，曾设簿记法，并发明日清簿，这是一种清楚的记账法，也就是后来所普遍使用的流水账。

再加上关公所用的青龙偃月刀十分锋利，其"利"与生意上求"利"同音，求之获"利"。一般合伙做生意，最重义气和信用，关羽信义俱全，因此被后世商人尊为商业守护神，及视他为保佑人们发财的武财神。

我国古代民间信仰，自汉代以来，渐渐融合儒、释、道三教而为一。然而民间所信仰的神明，大多数可分出其所属的系统，如妈祖属于道教，孔子属于儒教，观音属于佛教，神明的界限相当清楚。

在相比之下，关公是被儒、释、道三教都尊为神灵的人，很多商贾都会去洛阳的关帝阁专门请关公。在儒家中称关公为关圣帝君。

佛教以其忠义足可护法，并传说他曾显圣玉泉山，皈依佛门，因此，佛教尊他为护法伽蓝神、盖天古佛。于道家中，由于历代封号不同，有协天大帝、翔汉天神、武圣帝君、关帝爷、武安尊王、恩主公、三界伏魔大帝、山西夫子、帝君爷、关壮缪、文衡圣帝、崇富兵君等，民间则俗称恩主公。

三教中佛教对关云长的信仰只是限于供奉，并无

041

招财进宝

财神

■ 武财神关公像

武财神关公像

祈祷、赞颂以及供奉仪轨，而在藏传佛教中，有多位大师著有供赞仪轨，如章嘉大师、土观大师以及这世大宝法王、亚青寺阿秋仁波切等。多识仁波切也曾著有关云长简略供赞。

为了供奉这位三国时期的蜀国大将和武财神，我国很多地方兴建了关帝庙。关帝庙已经成为中华传统文化的一个主要组成部分。

一座关帝圣殿，就是那方水土的民俗民风的展示；一尊关公财神像，就是千万民众的道德楷模和精神寄托；一块青石古碑，就是一个感天动地的忠义教案。

万事如意

民间吉神与文化内涵

阅读链接

关羽曾经追随袁绍和公孙瓒一同前往攻打董卓。当时，董卓的大将华雄打败了十八路兵马的先锋孙坚，又在阵前杀了两员大将，非常得意。

这时，关羽自告奋勇，愿出阵一战。曹操十分欣赏，就倒了一杯热酒递给关羽说："将军喝了这杯酒，再去杀敌。"关羽接过酒杯放在桌上说："等我回来再喝吧！"说完，提刀上马而去。

关羽很快斩杀了华雄。待回到军营，曹操忙拿起桌上的酒杯递给他，其酒尚温。这就是"温酒斩华雄"的由来。

称为正财神的赵公明

赵公明，本名朗，字公明，又称赵
玄坛。"玄坛"是指道教的斋坛，也有
护法之意。

据我国古代神魔小说《封神演义》
的描述，在商周交战的时候，太乙真人
破解了闻太师的"化血阵"后，闻太师
无计可施。忽忆起峨眉山罗浮洞赵公
明，就亲自乘骑黑麒麟，挂金鞭，往罗
浮洞来，邀其前来助阵。

当时的赵公明是居于峨眉山罗浮洞
的截道人，他受殷商太师闻仲礼请，于
是下山助纣抗周。由于他艺高术强，使
阐教的仙人们及将领们都不是对手，接
连败阵。

赵公明画像

姜尚（前1156年~前1017年），字子牙，俗称姜太公。曾先后辅佐了6位周王。西周初年，被姬昌封为"太师"，尊为"师尚父"。后辅佐周武王灭商。因功封于齐，成为周代齐国的始祖。他是我国历史上最享盛名的政治家、军事家和谋略家。

后来，姜子牙只好请陆压以法术将之暗杀了。在《封神演义》里说，姜尚并没有封赵公明为财神，只是封赵公明为"金龙如意正一龙虎玄坛真君"，简称为"玄坛真君"。主管"迎祥纳福"，统帅招宝天尊、纳珍天尊、招财使者和利市仙官，统管人间一切金银财宝。

古籍《三教搜神大全》称赵公明神通广大：

驱雷役电、唤雨呼风、除瘟剪疟、保病禳灾……至如讼冤伸抑、公能使之解释，公平买卖求财、公能使之获利和合。但有公平之事，可以对神祷，无不如意。

■ 财神赵公明塑像

被封为"玄坛真君"的赵公明是负责专司迎祥纳福、商贾买卖的。

后来，民间认为赵公明统帅的"招宝天尊萧升""纳珍天尊曹宝""招财使者陈九公""利市仙官姚少司"这四名与财富有关的小神分别对应着招宝、纳珍、招财和利市，因而尊他为财神。

道教宫观中的财神神像，多为黑面浓须，骑黑虎，一手执银鞭，一手持元宝，全副戎装，那就是赵公明武财神，即赵公元帅像。

除了普遍意义上认为赵公明是被人们虚构出的人物以外，也有一些确有其人的身世传说。

相传赵公明是一位经商奇才，经商理念以信用为本，以聪颖勤劳而聚财有方；以经营得当，管理严密而理财有道；以慈善爱民、仗义济困和疏财爱国而用财有义。古人在感悟赵公明的财富文化时，将赵公明逐步神化。

■ 正财神赵公明像

相传赵公明出生在赵大村，出生的时辰在三月十五日黄昏后天将黑时。赵公明自幼家境贫寒，年轻时为力大技精，背运木材。为人诚实守信，见义勇为，深得工友信任。木材商十分赞赏，多次奖励。

赵公明攒下钱财以后，又借钱款凭着勇气胆识和诚信，自任木商，进行经营。赵公明目光远大，胸怀宽广，人人都信赖他，争着和赵公明做生意，他因此而积累了巨额财富。

当时，有人借赵公明的百金做生意，不料想遭遇天灾亏了本，一时无力偿还债务。赵公明仅仅让其还了一双筷子，就抵消所欠的债账。这是他为富行仁，义利双收的行为。

时辰 我国古时把一天划分为十二个时辰，每个时辰相等于两小时。相传古人根据我国十二生肖中的动物出没时间来命名各个时辰。西周时就已使用。又用十二地支来表示，以夜半二十三点至一点为子时，一至三点为丑时，三至五点为寅时，依次递推。

《搜神记》是一部记录古代民间传说中神奇怪异的故事小说集，作者是东晋史学家干宝。其中大部分故事，在一定程度上反映了古代人民的思想感情，集我国古代神话传说之大成的著作。全书搜集了古代神异故事共四百多篇，开创了我国神话小说的先河。

赵公明不但周济贫困，出手大方，而且资助国家的军事行动，亲自参军打仗，十分勇敢。他曾经一边经营商业，一边到终南山楼观拜访道家学者，精研道理修得正道。

还有人说，赵公明驯养了一只曾经骚扰平原百姓的黑色老虎，人们视为奇迹，称为赵公明的黑虎坐骑。这样一来，赵公明讲信用、扶贫助困、学道修行、和美处事、善于隐讳。集众多美德于一身，后人才将赵公明敬为财神。

传说毕竟是传说，因为没有学者能确定赵公明到底是哪个朝代的人。由于赵公明其人的本尊模糊不清，他的财神形象也是历经变迁才确定下来。

在东晋干宝的《搜神记》中，赵公明的形象是专替天神勾取人命的鬼将。因为晋朝是个战乱年代，人的生命时刻受到战争威胁，所以有了这样的形象。

在南朝炼丹家陶弘景所著的《真诰》中，赵公明司士冢中事，勾魂索命，也可以算是治人疾病的瘟神。这也跟战乱年代瘟疫流行有关系。由此，赵公明的神灵职责随之增加并转移。

隋唐时的《三教源流搜神大全》中，记载的5位瘟

■ 财神赵公明塑像

神中就有赵公明：

隋开皇十一年有五瘟神见……白袍之秋瘟神是赵公明。是岁大瘟，帝乃立祠，封为将军。

元明之间，赵公明的神迹有了更完整的记载称。相传古时的天上有十个太阳，其中的九个被大羿射下以后，变化为九鸟，坠落于青城山，变成了九鬼王。

在这九鬼王中，有八鬼行病害人，但是剩下的那个由太阳化身的鬼却独化为人，取名为赵公明，避隐蜀中，精修至道。

五斗米道的创始人张道陵在青城山炼丹时，曾收赵公明护卫丹室。等丹炼成的时候，赵公明也吃下了丹药，外表酷似正一真人。张道陵于是命令他终生护卫玄坛，因此他有号名叫玄坛元帅。

明代道教经籍的总集《道藏》一扫赵公明身上的鬼气、瘟气，给赵公明注入了满身神气，具备了财神的原型。

这个改变的原因主要是因为明代经济发展，作坊出现，创造财富和积累财富成为人们的普遍自觉追

■ 财神赵公明塑像

大羿 上古时的射日英雄。传说大羿曾经以弓箭射下了天上的九个太阳，帮助人们避免了烈日炙烤之苦。此地上气候适宜，万物得以生长。他又射杀猛兽毒蛇，为民除害。民间因而奉他为"箭神"。

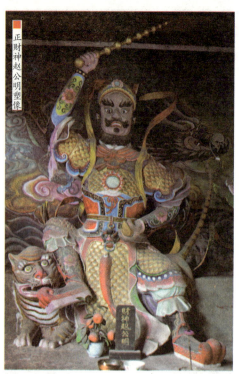

正财神赵公明塑像

求。道教封赵公明为"金龙如意正一龙虎玄坛真君"。专司金银财宝，迎祥纳福。使人宜利和合，发财致富。由此，赵公明的正财神地位得以巩固，得到中华民族的广泛认同。

其他关于赵公明的传说尚有很多，比如因为有回人多异宝的印象，便又附会赵公明是回人，信奉回教，祭拜时不能用猪肉，这就造成了多神信仰的百姓拿一个一神教的信徒当神膜拜的奇怪现象。

又相传赵公明怕冷，所以每到冬节，百姓们就要拿爆竹砸向扮演赵公明的乩童，一方面为神明取暖，另一方面也显示赵公明身为武将的勇力。

阅读链接

传说赵公明可以点土成金，指石成银。关于他的故事，流传甚广。特别是有关他经商方面的故事；有关他积水成渊，集财成山的故事；有关他发财有方，致富有道方面的故事，更是众口相传，为人们所津津乐道。被人们视为楷模，奉为经典。

赵公明是一位经商奇才，经商理念以信用为本，以聪颖勤劳而聚财有方；以经营得当，管理严密而理财有道；以慈善爱民、仗义济困和疏财爱国而用财有义。古人在感悟赵公明的财富文化时，将赵公明逐步神化。

灶神

灶神，也称灶王、灶君、灶王爷、灶公灶母、东厨司命、灶司爷爷等，是我国古代神话传说中的司饮食之神。灶神的起源很早，早在商代开始，就在民间普遍供奉，而且在秦汉以前，灶神被列为"五祀"之一，和门神、井神、厕神、中溜神5位神灵一起，共同负责一家人的平安。

古时祭灶不分身份的贵贱、高低，上自皇亲国戚、大臣，下至平民百姓，对灶神都毕恭毕敬。祭灶活动反映了我国古代传统文化与农耕文明，体现了人们对生活的追求。

灶王爷的由来传说

灶神塑像

一万年前，有一族北京猿人从周口店向东北方向迁移，他们行至到燕山脚下，在这里发现了一处风水宝地，就是椅子山。

此处三面环山，一面邻水，山上林涛如海、云雾如烟、缥缥缈缈、如同仙境；山下草似绿绸、水似青纱，百花盛开、万木争春，真是一处最安逸的家园。

这些人见到如此美景，再难离舍，便住在椅子山上，以采集果实和渔猎为生，在山洞中，过着群居生活。

在椅子山北面有一座石虎山，山上住着两只猛虎。在椅子山东南有一座红牛山，山上生活着一群野牛。由于野牛数量众多，两只猛虎不敢轻意攻击野牛，只是在石虎山上寻此小型动物充饥，由于双方实力相当，相处得倒也安宁。

牛群为首的是一头体形巨大、一衣黑色长毛的母性野牛，这头母牛膘肥体壮，一身长毛黑中透亮，成了族群所有公牛的崇拜偶像，而其他母牛便失去了做母亲的机会，时间一长，野牛的数量明显减少，而且明显趋于老龄化。

■ 灶王爷和灶王奶奶画像

此时，石虎山上两只老虎却繁衍迅速，转眼间家庭人员已有20多只，随着老虎数量的不断增长，石虎山上的食物日趋匮乏，它们需要向外扩张生存的领地，便把红牛山当成了侵略的首选目标。

有一天，一只小老虎闯入红牛山之中，杀死了一头小牛。牛群因此一下愤怒了起来，母牛首领召集全族能够战斗的野牛，准备打上石虎山，去给死去的小牛报仇。

而这个时候，野牛算得上年轻体壮的只有九只，但它们毫不畏惧，依然集合起来就准备出击。

正在这时，有两只老虎向红牛山走来，野牛首领

风水　本为相地之术。相传风水的创始人是九天玄女，比较完善的风水学问起源于战国时代。风水的核心思想是人与大自然的和谐，早期的风水主要关乎宫殿、住宅、村落、墓地的选址、坐向、建设等，是选择合适的地方的一门学问。

■ 古人取火场景

一看机会来了，便命令九头野牛出击，杀掉这两只老虎。两只老虎见野牛群向它们冲来，并没惧怕，摆好架式，准备和野牛决战。

生活在椅子山上的猿人部落既怕老虎又怕野牛，平时，他们只是提心吊胆地生活在两群巨兽中间。今天一看这两大巨兽要进行决战，兴奋的人们就聚集在山坡上看热闹。

两只猛虎和九头野牛，在两山之间的开阔地中摆好了阵式，准备厮杀。忽然，天空划过一道巨大的闪电，紧接着一个巨大的火球砸在了两只老虎和九头野牛中间，顿时一片火海，连同周围的花草树木都燃烧起来。

准备战斗的两只老虎和九头野牛一下子成了火球，没过一会儿，就全被烧死了。老虎、野牛包括椅子山上看热闹的猿人都被这一幕吓呆了，不知道这是什么怪物如此厉害，竟能把九牛二虎一口吃掉。老虎吓得钻入深洞，野牛吓得躲进丛林，在山坡上观战的猿人部落也被吓得魂飞胆战。

在猿人部落中有一位奇人，此人身材高大，膀阔腰圆，而且力大无穷。他手中常握一根木杖，在狩猎时用木杖弹射巨石，射杀野兽，百发百中，是部落中的守猎英雄，人们都称他"弹石杖"。

据说这个弹石杖是部落中胆子最大的。他也看到天上掉下的不明物，不知是何物竟有如此能力，能一口吞掉九牛二虎。他想探个究竟，于是便只身一人向山下走去。

当他来到虎牛争战之地，这里的火早已熄灭，他闻到一股被烧得漆黑的老虎和牛散发的奇怪香味。弹石杖用手里的木杖拨开死牛身上的灰尘，露出鲜美的牛肉，他撕下一只牛腿便吃了起来。他这一吃，顿觉鲜美清香，好吃无比。他越吃越爱吃，足足吃掉了一头牛。

当他饱餐后，忽然想到那明亮之物是个什么宝贝，有这样宝物，再发现野兽就可以不怕它们了。弹石杖发现周围仍有明亮之物，当他过去用手抓时，感觉手被重重地咬了一口，疼得直喊："嚯！嚯！"

■最原始的炉灶

最原始的炉灶

这时，部落里的人发现弹石杖找到了食物，便也小心地跟了来，看到弹石杖在吃牛肉，也跟着吃起来。有的人一下抓到了还在燃烧的物体，被烫得嗷嗷直叫，有人就问这是何物，大家谁都不知道，这时，正听到弹石杖喊："嚯！嚯！"

大家便认为弹石杖认识此物，此物就叫"火！火"！从此，人们就把这燃烧着的东西叫火了。

过了几天，他们捕到了一只山羊，当他们和从前那样，生吃羊肉时，却觉得无法下咽了，回想到用火烧过的肉那么美味，就想再用火来烧羊肉，可这时火已经没有了。

大家都让弹石杖想办法，弹石杖坐在一块石头上，用木杖杵在地上，怎么也想不出好办法来，急得他用手使劲转动着木杖，他的木杖是用硬木做成的，木杖的头部很尖，木杖的头部正杵在一块风化了的朽木上，由于他转动速度快，再加上他力大无比，使他杵的朽木冒起了白烟。

人们一下子惊呼起来，因为他们看到过火在燃烧时会冒烟的，一个女人小心地拿起朽木慢慢吹气，火真的着了。部落的人们发现弹石杖竟然能生出火来，都把他当成了神灵，看成是部落的最大英雄。

那时还是母系社会，女人是部落中最尊贵的人，男人守猎，部落的财产由女人分配。自从弹石杖无意间学会了钻木取火，便成了部落里最尊贵的人。从此，弹石杖不用跟男人们去狩猎，只和女人们一起留在山洞里管理财产，并负责生火。

女人们在洞里主要是照看孩子，烧火做饭。做饭就需要火，需要火就要找弹石杖。弹石杖想如果能把火保存起来，他就不用天天留在洞里了，就能和男人们一起去狩猎了。

他开始想办法保存火种，有一天，他在地上挖了一个坑，把木材燃烧后放到坑里，上面盖上木炭、木材、杂草等，又在上面埋上土，等到第二天挖开土一看，火还在燃烧。他高兴地把这一发现告诉了部落里的人，人们都学会了保存火种的方法。

后来弹石杖又发现，可以把食物直接放在火坑上蒸煮，逐渐把存放火的土坑改造成能够自由做饭的灶了。弹石杖会做灶，走到哪儿就把灶建到哪儿，人们都把他尊称为灶神。

■ 最原始的炉灶

■ 玉皇大帝塑像

万事如意

民间古神与文化大观

祭品 即祭祀时用的物品。根据不同种族和不同地域，祭品的形式十分丰富，有动物如猪、牛、羊、鸡，也有植物，还可以是衣物等物品。在远古时代和愚昧时代，甚至有拿活生生的人作为祭品；暴政时期也曾出现过用活人陪葬与祭祀的情况，十分残忍。

后来，猿人部落随着进化，便有了姓。平时大家都把弹石杖叫成"杖"，后来便取姓为张，取名为单，张单住的村落后来叫作张各庄。

张单活了120岁，在一年的腊月二十三晚上去世了。部落里的人们都非常悲痛，集合在张单的住处为他守灵，各家还把最好吃的食物拿来当祭品，人们都想把灶神张单送到天堂上去，要让玉皇大帝知道张单的事迹，可人们不会飞翔，大家没办法送灶神升天，因而更加悲伤。

据传说，在椅子山东边有一座金鸡山，这座山上住着一只金鸡，金鸡看到椅子山的人们如此伤心，便主动提出愿意当灶神的坐骑，送灶神上天堂。

人们非常感动，为金鸡准备了豆、清水等食物，然后将灶神放在金鸡背上，人们用自己酿制的酒洒在鸡头上，以示壮行。金鸡长鸣一声，直冲云宵。

送走灶神，人们这才安心，便各自回家准备过年。过了七天后，也就是大年初一这天，灶神骑着一只七彩凤回来了，后边还跟着一条青龙护驾。

人们惊喜万分，纷纷问起原因。原来，灶神到了天堂，见到了玉皇大帝，金鸡把灶神的经历和人间对他的敬仰细说了一遍，玉帝非常感动，由于张单在人间已经被当成神了，玉皇大帝便决定再给他提高一级，封张单为"九天东厨司命灶王府君"，任"东厨司命主""人间监察神"之职，掌管三界灶火，监察人间善恶，每年将人间情况向玉皇大帝汇报一次，作为玉皇大帝奖惩人间善恶的依据。因金鸡送灶王有功，玉皇封他为"百鸟之王"，赐金鸡变成七彩凤。又命青龙为护卫长，保护灶王返回人间。

灶王回来后，金鸡和青龙仍住到金鸡山上，从此，人们把金鸡山改叫龙凤山。灶王则让"日月"协助自己监察人间，"日"管白天，"月"管黑夜，灶王自己则到各家巡察。人们由于对灶王无比敬仰，便在自家的灶台前为灶王设立牌位，并摆上供品，恭迎灶王。

然而，灶神是我国民间信仰最普遍的神祇，几

牌位 又称灵牌、灵位、神主、神位等，是指书写逝者姓名、称谓或书写神仙、佛道、祖师、帝王的名号、封号、庙号等内容，以供人们祭奠的木牌。牌位大小形制无定例，一般用木板制作，呈长方形，下设底座，便于立于桌案之上。古往今来，民间广泛使用牌位，用于祭奠已故亲人和神祇、佛道、祖师等活动。

■ 年画《东厨司命》

057

司命之神

灶神

乎各民族都有供奉。但灶神究竟为何物？关于灶神的由来也有多种说法，这里还有一种传说是：

古代有一户姓张的人家是兄弟俩，哥哥个是泥水匠，弟弟是画师。张家哥哥拿手的活是搭建锅台，东街请，西坊邀，都夸奖他垒灶手艺高，年长月久出了名，方圆千里都尊称他为"张灶王"。

说来也怪，不管张灶王到谁家垒灶，要是遇到别人家有纠纷，他就会上去多管闲事。遇上吵闹的媳妇他要劝，遇上凶婆婆他也要说，好像是个老长辈。长此以往，左邻右舍有了矛盾都要找他，大家也都很尊敬他。

张灶王整整活了70岁，寿终正寝时正好是腊月二十三日深夜。张灶王这一去世，张家可就乱了套了，张家的画师整天唉声叹气，愁眉不展，分外想念哥哥。

灶王爷塑像

原来，这张灶王是张家的一家之主，家里事都听他吩咐，可是眼下大哥离开人间，弟弟只会诗书绘画，虽已花甲，但从未管过家务。几房儿媳妇都吵着要分家，画师被搅得无可奈何，整日愁眉苦脸。

后来，张画师终于想出了一个好点子。在第二年的腊月二十三这天，也就是张灶王一周年祭日的那天深夜，画师忽然呼叫着把全家人喊醒，说是大哥显灵了，把儿子媳妇全家老小都引到了厨房。

大家仔细一看，都吓出了一身冷汗。只见黑漆漆的灶壁上，在飘动着的烛光下，若隐若现地显出了张灶王和他已故的妻子的容貌。

正在大家目瞪口呆时，张画师开口说："我睡觉时，梦见大哥和大嫂已成了仙，玉帝封他为'九天东厨司命灶王府君'。你们平素好吃懒做，妯娌不和，不敬不孝，闹得家神不安。大哥知道你们在闹分家，很气恼，准备上天禀告玉帝，年三十晚下界来惩罚你们呢！"

灶王奶奶塑像

儿女侄媳们听了这番话，惊恐不已，立即跪地连连磕头，忙取来张灶王平日爱吃的甜食供在灶上，恳求灶王爷饶恕。

从此以后，经常吵闹的叔伯兄弟和媳妇们再也不敢撒泼，全家平安相处，老少安宁度日。

张家这事给街坊邻友知道后，一传十，十传百，都赶来张家打探虚实。其实，腊月二十三日夜灶壁上的灶王，是画师预先绘制的，是假借大哥显灵来恐吓儿女侄媳，不料此法果真灵验。

此后，当乡邻来找画师探听情况时，张画师只得假戏真做，把画好的灶王像分送给邻舍。如此一来，沿乡流传，家家户户的灶房都贴上了灶王像，慢慢地就形成了腊月二十三给灶王爷上供、祈求阖家平安的习俗。

此外，还有一个玉帝女婿的传说也流行较广。传说灶君夫人是玉

灶王爷画像

皇大帝的小女儿，她贤惠善良，十分同情天下的穷人。她爱上了一个给人烧火帮灶的穷小伙子，玉皇大帝得知后十分恼怒，就把小女打下人间，跟那个穷小子受罪。

王母娘娘疼爱女儿，从中讲情，玉帝才勉强给"穷烧火的"封了个灶王的职位。人人就称"穷烧火的"为王爷，玉皇大帝的小女自然就成为灶王奶奶了。

灶王奶奶深知百姓疾苦，常常借回娘家探亲的机会，从天上带些好吃的、好喝的分给穷百姓。玉帝本来就嫌弃穷女婿，察觉此情后，更是火上加火，就只准她每年年底回来一次。

第二年，眼看快要过年了，可是穷百姓还缺这少那，有的连锅也揭不开，灶王奶奶看在眼里，心中难过。腊月二十三这天，她决定回娘家，给穷百姓要点吃的。

但自己家里连点面屑也没有了，路上没有干粮怎么办？穷百姓知道后，便设法烙了些面饼，送给灶王奶奶路上做干粮。

灶王奶奶回到天上，向玉帝讲人间苦情，玉帝不但不同情，反而嫌女儿带回一身穷灰，要她当晚就回去。灶王奶奶气得当时就要走，但转念一想，两手空空，回去怎向穷乡亲们交代？再说也不能就这样便宜了父亲。这时，正好王母娘娘也过来说情，灶王奶奶便顺势说："不走了，明天我要扎把扫帚带回去扫穷灰哩！"

万事如意

民间吉神与文化内涵

二十四这天，灶王奶奶正在扎扫帚，玉帝又来催她明日回去。她说："就要过年了，家里还没有豆腐，明日我要做豆腐呢！"

二十五这天，灶王奶奶正做豆腐，玉皇大帝来催她明日回去，她说："家里没肉，明天要割肉哩！"

二十六这天，灶王奶奶刚刚割肉回来，玉皇大帝又来催她明日回去。她说："家里穷得连只鸡也养不起，明天我要杀只鸡呢！"

二十七这天，灶王奶奶正在杀鸡，玉皇大帝又来催她明日回去。她说："路上要带点干粮，明天我要发面蒸馍呢！"

二十八这天，灶王奶奶正在发面，玉皇大帝又来催她明日回去。她说："过年要喝点喜酒，明天我去灌酒！"

二十九这天，灶王奶奶刚灌罢酒，玉皇大帝又来催她明日回去。她说："咱们一年到头连顿饺子也没吃过，明天我要包饺子！"

三十这天，灶王奶奶正在包饺子，玉皇大帝可是大动肝火，要她今夜必须回去。灶王奶奶把东西已经准备得差不多了，不再多说话，只是舍不得离开王母娘娘，一直待到天黑才离开天宫。

这天夜里，家家户户都不肯睡，坐在火炉边等灶王奶奶，等到见灶王奶奶回来了，纷纷点起香烛，放起鞭炮迎接她。此时已是初一的拂晓了。

下面还有一个传说，说过去有个姓张的庄稼汉，两只手长得就像个小簸箕，因此绰号叫"张大巴掌"。

有一年，皇帝派来的新州官一上任，就贴出布告："本官管辖的黎民百姓，要轮流请吃席，违者定斩不

灶王爷灶王奶奶塑像

赦！"张大巴掌得知后，便叫老婆杀鸡炖上，去请州官。

州官看他穿戴破烂，就问："你准备了什么好吃的？"

张大巴掌说："大人，小的这张手大，上天能抓风，下海能捉龙，弄了点龙心凤肝给大人尝尝。"

州官一听高兴得不得了，便带着夫人和几个心腹一同赴宴。他们一进门就闻到香喷喷的，便催着摆酒筵。

张大巴掌的老婆说肉还没炖熟，要等上片刻。州官一听，脸马上沉了下来，他不耐烦地说："这么香还没熟？是有意怠慢本官吧！"

张大巴掌忙说："小人不敢，大人不信，请到厨房去看。"

州官带着夫人和几个心腹刚一进厨房，张大巴掌突然把门一关，大声喝道："你们把百姓吃得好苦哇，还想吃什么龙心凤肝！先吃我一巴掌吧！"张大巴掌老婆说："他们活着吃老百姓的东西，死了就让他们站在锅灶旁，看老百姓吃东西吧！"说着，也噼里啪啦打起来，把州官、夫人和几个心腹打得像画儿一样贴在厨房墙壁上。

皇帝知道这件事后，便顺水推舟，下了一道圣旨，封天下州官为灶王爷。令家家户户的厨房里都贴上这张画儿。

这样，一代一代传下来，成了风俗。后来的人光知道祭灶王爷，却把他的来历遗忘了，还以为他是神呢！

阅读链接

民间还流传着一个灶神的故事：相传灶王原来是一个叫张单的富家子弟，曾娶郭丁香为妻。郭氏贤惠又勤俭。后张单又娶李海棠。李氏好吃懒做，不久撺掇张单休了郭氏，而且把张家财产挥霍一空，改嫁他人。

张单家境败落，沦为乞丐。一日，张单乞讨到一户人家，主人给了他热汤热饭，当发现施饭者竟是休妻郭氏，张单羞愧难当，撞死灶前。玉皇大帝念张单悔过，便封他为灶神。

汉武帝祭灶神求长生

灶神，民间又称灶君，灶王爷，灶君菩萨等。我国最初的灶神是位女性，《庄子》说她"着赤衣、状如美女"。

后来的道书则把灶神说成是昆仑山上的一位老母，叫作"种火老母元君"，她手下有五方五帝灶君、曾灶祖灶、灶子灶孙、运火将军、进火神母等三十六神。她专门管理人间住所，记下每家人的善恶，夜半上奏天庭。

还有一个民间传说，这里的灶神就更多了。据称商朝末年，姜子牙帮助周武王讨伐纣王，历

灶王爷年画

■ 古代的灶台

祝融 本名重黎，我国上古帝王，以火施化，号赤帝，后尊为火神、水火之神、南海神，古时"五帝"之一。祝融的居所是南方的尽头衡山，是他传下火种，教人类使用火的方法，常在高山上奏起悠扬动听、感人肺腑的乐曲，相传名为《九天》。

经多次浴血之战，终于打下江山，裂土封侯。

姜子牙受师之命，立下封神榜。有功的将领牺牲后，都能受封为神；但广大冲锋陷阵的士兵，战死沙场，却都未受到封赏。这些游鬼冤魂，死无归宿，心中不快，难免闹事。

姜子牙了解这一情形后，便将战死的士兵封为灶神。这样一来，既可制止鬼魂闲荡寻衅，又可将家家户户管起来，可谓一举两得。

在先秦两汉的典籍中，火神与灶神是合二为一的。《礼记·礼器》载：

颛顼氏有子曰黎，为祝融，祀以为灶神。

高诱注《淮南子·时则训》说：

祝融吴回，为高辛氏火正，死为火神，托祀于灶。

祝融为古帝颛顼的儿子，曾经做过火正官，也就是观察大火星、以确定每年腊月的天文官，所以他死后人们祀之为火神。又因为古人与火打交道主要在灶，所以又称之为灶神。

东汉许慎《五经异义》也记载：

> 颛顼氏有子曰黎，为祝融火正也，祀以为灶神。

汉武帝（前156～前87年），刘彻，幼名刘彘。汉景帝刘启的第十个儿子。汉朝第五代皇帝。我国历史上著名的政治家、战略家。他凭借雄才大略、文治武功，使汉朝成为当时世界上最强大的国家，赢得了一个国家前所未有的尊严。

灶王爷的祭典仪式可上溯至先秦时期的重要礼仪典籍《礼记·祭法》，书中记载"王为群姓立七祀"，即有一祀为"灶"，而庶士、庶人立一祀，"或立户，或立灶"。

从周王到百姓，都要祀"灶"，祭祀这位家户大神。到了汉代，祭灶又被列为大夫"五祀"之一，和门神、井神、厕神、中溜神共同负责一家人的平安。

据《史记·孝武本纪》记载，西汉时有个叫做李少君的人，以祠灶、谷道、却老方去见汉武帝，获得武帝的好感，武帝对他十分尊敬。一天，李少君言于上曰：

> 祠灶则致物，致物而丹砂可化为黄金，黄金成以为饮食器则益寿，益寿而海中蓬莱仙者可

■ 火神祝融画像

灶王爷画像

见，见之以封禅则不死，黄帝是也。臣尝游海上，见安期生，食巨枣，大如瓜。安期生仙者，通蓬莱中，合则见人，不合则隐。

于是汉武帝始亲祠灶，而遣方士入海求蓬莱安期生之属，而事化丹砂诸药剂为黄金矣。这说明汉武帝对李少君所说的，诚心祭灶可以使丹砂化为黄金，用这些黄金制造食具，用了可以使人长寿，可以见到蓬莱仙人，可以长生不死信以为真。

从此，他就开始诚心诚意地祭祀灶神。上有好者，下必有甚焉，所以汉代以后灶神的地位便大大地提高了。

万事如意

民间吉神与文化内涵

阅读链接

传说，人间最早的灶神是一种虫子，名叫"穷蝉"，是颛顼之子的化身。相传颛顼的儿子可以掌控火势，守护各家各户的安全。但是由于人太多了，颛顼的儿子又不能每天都到所有人的家中去监察火势，只好把自己化身为各种黑色的穷蝉。

穷蝉是灶上常见的一种蝉状的小生物，俗称蟑螂，有的地方称为灶马。正是这种常见灶上的小生物，古人以为是神物，祀为灶神。殷周铜鼎多以蝉纹为饰，所刻绘的就是这种东西。

吕洞宾让苏吉利成灶神（一）

　　魏晋以后流传的灶神有了姓名。根据隋朝杜台卿记录古代礼仪及社会风俗的著作《玉烛宝典》引《灶书》称，"灶神，姓苏，名吉利，妇名搏颊。"

　　苏吉利起初只是个平常人家的孩子。他自小在山村长大，生有一张憨厚的脸和柔软的心肠。由于他为人性格平和，名字又十分喜庆，无论是村民还是邻居都很喜欢他。

　　苏吉利和古代的大多数书生一样，也想一心走上仕途。但他渴望荣华富贵吗？不是的，他想要的，是靠自己的力量改变一点人心，收敛一下世间自私的戾气，哪怕只是一

灶神像

刺史 职官，汉武帝年间始置，"刺"为检核问事之意。刺史巡行郡县，分全国为十三部，各置部刺史一人，后通称刺史。刺史对维护皇权，澄清吏治，促使昭宣中兴局面的形成起着积极的作用。王莽称帝时期刺史改称州牧，职权进一步扩大，由监察官变为地方军事行政长官。

点点而已。

在经过十年寒窗的苦读之后，苏吉利最终名列榜首，踏入仕途。他被分配的地方只是一个偏僻的小县城当县令，但苏吉利仍然觉得，自己的梦想也许真的要实现了。

在刚刚当上县令的时候，有很多人看他年纪轻轻，又是一副憨相，都不把他当回事。但是苏吉利从不在意别人异样的目光和指指点点，他勤勤恳恳地做人，认认真真地当官，不久之后就把一个小小的县城打理得国泰民安。

在一片赞誉声之中，苏吉利是平步青云，最后他当上了刺史。可贵的是，苏吉利丝毫不改初衷，他仍旧是两袖清风，勤恳为民。虽然这样的做派让他成了当时官场上的一个异类，他只能卡在刺史的位置上，

■ 祭祀灶神

■ 古代炉灶

但是，苏吉利已经心满意足了。

苏吉利做官不像其他人那么爱摆架子。他为了避嫌，从不跟人出去吃饭，也不愿与当地名士有私交，甚至连过寿日的时候，除了亲戚，他都不叫外人来参加宴席。

苏吉利的下属们没过多久就意识到自己的上司是个多么另类的怪人。他从不对下属呼来喝去，和和蔼蔼说话的样子像是在聊天；他对地方的豪强从不惧怕，更不勾搭；还有，苏大人审案的时候更像是在讲学，每次都拉个凳子对着囚犯念叨半天，所说的全是礼教忠义，连声斥骂都没有。

苏吉利本人并没有意识到自己的作风与他人有多么格格不入，反正，他也不在乎。对苏吉利来说，一天中最好的消遣，就是换上一身老百姓的布衣，拿着自己的烟袋锅，晃晃悠悠地走到某个飘着酒旗的小酒

烟袋锅 是吸水烟或旱烟的用具。一般由烟袋锅、烟袋杆、烟袋嘴构成。烟袋包是装烟末的专用工具，一般系在烟袋上。同时，还有一种烟袋锅既能用来吸烟，也能当作一种防身武器，烟锅和杆均比平时烟袋重、大和长，烟和烟嘴为铜制。

■ 灶君庙里的灶神塑像

衙门 旧时称官署为衙门。其实衙门是由"牙门"转化而来的。衙门的别称是六扇门。猛兽的利牙，古时常用来象征武力。"牙门"系古代军事用语，是军旅营门的别称，营中还出现了旗杆端饰有兽牙、边缘剪裁成齿形的牙旗。于是，营门也被形象地称作"牙门"。

楼，点上一盘下酒菜后眯着眼闲坐着。

苏吉利深知，酒楼中汇集着人生百态。有受了蒙骗借酒浇愁的商贩，有饮酒作乐的纨绔子弟，还有无酒不欢的壮士。他们的抱怨、控诉、喜悦、忧愁、烦恼，全都在几杯薄酒下肚后肆意发泄着。

每到这时，苏吉利就沉默地吸着烟袋，用心记住他们的每一句话。谁家的孩子胡闹被父母责骂了、谁家商铺的伙计因为手不老实被掌柜的赶走了、谁家的亲戚在哪惹祸了，苏吉利都记得一清二楚。回到府中，苏吉利把相关人等一一找来细查一番，平息纠纷的速度比当地的衙门还快。

如此一个刺史大人，他既清廉又深明大义，不仅爱民、惜民还睿智心善，当地的人们都十分爱戴他，对苏吉利交口称赞。城中的孩童甚至还以他的名字编了歌谣来赞美他。

苏吉利既不在乎别人的诋毁，也不把赞美放在心上。他本质上还是多年以前的那个单纯、朴实的书生，默默地实现着自己报国为民的理想。对苏吉利来说，只有一件事格外棘手，那就是他患有的头痛病。

苏吉利到底是什么时候给染上这个疾病的，他自己也说不清楚。头倒是也疼得不厉害，只是有一阵没一阵地让人心烦。

后来，苏吉利偶然从太医院那里得知了一个偏方，试用后相当灵验。但方中的药引子很稀少，是千年石蚕。由于那石蚕长在万丈石壁上，虽然价格不是很贵但却非常难得。最麻烦的是，石蚕必须用新鲜的，那些中药铺子的干货都没法用，所以没吃几副药就断了。

由于效果好，苏吉利准备了一些碎银子交给几位平时经常外出的手下，嘱咐他们在哪看见了就给自己买点石蚕备用。过了几日，有个机灵的手下回来禀报说，他曾路遇一位经营药材的富商，手上有不少的新鲜石蚕备货。

苏吉利听后大喜过望，连忙找来了富商。那富商也不含糊，立即找人抬来了两大箱子的新鲜石蚕。苏吉利问清价格，付完钱后就将富商送出了府中。

富商走时，苏吉利还特别留

■ 民间艺术灶王剪纸

万事如意

民间吉神与文化内涵

■ 吕洞宾（796年~？），道教主流全真道祖师，原名吕岩，字洞宾，道号纯阳子，山西省运城市芮城县人。在我国民间，他与铁拐李、汉钟离、蓝采和、张果老、何仙姑、韩湘子、曹国舅并称"八洞神仙"。在民间信仰中，他是八仙中最著名、民间传说最多的一位。

心了一下他有没有故意留下什么钱囊等物品。毕竟，问心无愧了这么多年，他可不想莫名其妙就算了个糊涂账。

还好，富商没有故意遗留下什么。苏吉利让人把箱子收好之后，就又换下官服，照例踱着步子去找酒楼茶肆了。

但苏吉利不知道的是，天上的神仙吕洞宾自从听说民间有这么一位善人之后，就一直在留心他的所作所为。他把苏吉利这么多年的行为看在眼里之后，就决定提点他一番，于是就变成了一个手拿拂尘的老道士。

在苏吉利照例点上了一盘小菜，要了一壶清茶之后，吕洞宾所变的老道士就也走近酒馆，高声问道："贫道远路行来，觉得十分饥渴，不知哪位可与我共享香茗呢？"

其他人见了，只觉得是有一个不靠谱的道士来骗钱，都视若不见。但苏吉利招招手，将老道士请到了自己的桌子前，为他点了一壶茶，也不说话，只是专心地旁听着周围人的谈话。

老道士看着闷声不响的苏吉利微微一笑，开口说："贫道年事已高，手脚甚是不方便，可否有劳您为我倒一杯茶呢？"苏吉利有些莫名其妙地看着他，但还是伸手倒了一杯，敬给了老道士。

老道士并没有马上伸手接过茶杯，而是问苏吉利："善人，您看我这杯茶干净吗？"